Como Enseñar en la Escuela Dominical: Guía para Maestros de Clase Bíblica

La Enseñanza en la Clase Bíblica, Volume 4

Sermones Bíblicos

Published by Guillermo Doris McBride, 2024.

While every precaution has been taken in the preparation of this book, the publisher assumes no responsibility for errors or omissions, or for damages resulting from the use of the information contained herein.

COMO ENSEÑAR EN LA ESCUELA DOMINICAL: GUÍA PARA MAESTROS DE CLASE BÍBLICA

First edition. March 20, 2024.

Copyright © 2024 Sermones Bíblicos.

Written by Sermones Bíblicos.

Tabla de Contenido

Los niños pueden entender bien la doctrina del sacrificio expiatorio; tiene el propósito de ser un evangelio para los más jóvenes. El Evangelio de la sustitución es una simplicidad, aunque sea un misterio. No debemos estar contentos hasta que nuestros pequeñitos conozcan y confíen en el sacrificio consumado. Este es un conocimiento esencial, y es la llave para las demás enseñanzas espirituales. Nuestros amados hijos deben conocer la cruz, y así habrán comenzado bien. Junto a todo lo que reciban, deben recibir un entendimiento de esto, y entonces tendrán el cimiento debidamente colocado.

— Charles Spurgeon

INTRODUCCION

Las sugerencias contenidas en este librito se presentan para ayudar a los creyentes que, con vocación y dedicación, desean un mayor éxito en la enseñanza de la Palabra de Dios. Este material no se ofrece al lector como manual infalible o un texto absoluto para la instrucción en la Escuela Dominical; más bien se ha preparado como guía elemental de orientación para los que quieren servir al Señor en este noble ministerio.

La autora no pretende ser original. Varias de las sugerencias aquí recopiladas son fruto de la experiencia de hombres de Dios que han dejado consejos a nuevas generaciones de maestros sobre la mejor manera de enseñar a la juventud.

Estoy sinceramente agradecida a los hermanos y hermanas aquí en Venezuela que, con buena voluntad, me prestaron su valiosa ayuda en la preparación de este libro. Mi agradecimiento también es para Páginas Orientadoras, de México, que lo publica. Gracias a todos ellos este pequeño libro sale a la luz.

Es nuestro deseo que el contenido de la obra redunde para la gloria de Dios y que el material aquí expuesto sea útil a sus lectores. Oremos juntos para que estos objetivos sean logrados en la voluntad del Señor.

1. IMPORTANCIA DE LA OBRA
Oportunidad y necesidad

Los censos y las estadísticas nos dicen que en Latino América más de la mitad de la población es menor de los dieciséis años. Este hecho representa una gran oportunidad y a la vez una gran responsabilidad para el creyente cuyo deber y privilegio es enseñar la Palabra de Dios a nuevas generaciones.

El niño aprende con mayor facilidad y rapidez que el adulto. La iglesia católico-romana por siglos ha declarado: Dennos un niño hasta que cumpla los siete años y lo tendremos para toda la vida. Los comunistas y fascistas hacen grandes esfuerzos para adoctrinar a los pequeños porque saben que los niños de hoy son los hombres del mañana. El corazón tierno de un niño es terreno fértil para sembrar cualquier enseñanza, sea ésta verdadera o falsa.

Gran parte de la niñez de hoy no está recibiendo la sana instrucción que le es necesaria en su formación moral y espiritual para la vida que tiene por delante y para su eterno bien. Por el contrario, reciben del cine, la televisión, y de multitud de libritos con historietas intranscendentes, violentas e inmorales una influencia perniciosa que los conduce al desastre.

Referimos un caso de un niño que conocíamos para ilustrar lo antedicho. Un niño venezolano llamado Luís no tenía padre y la mamá se veía obligada a trabajar en casa ajena. Luís pasaba el tiempo viendo televisión en casa de su abuela. Un domingo por la tarde el muchacho se lanzó del segundo piso de un edificio y se dio un duro golpe en la cabeza. En el trayecto al puesto de socorro Luís contó a su abuela como él había visto volar a *Batman* en el programa de televisión y que estaba probando para ver si podía hacer lo mismo. Su caída provocó una hemorragia cerebral y poco después de llegar a la sala de emergencia del hospital falleció.

¡Qué lástima que este niño no haya tenido oportunidad de asistir a una Escuela Dominical para oir del amor de Dios y de la obra de Jesucristo! Si instruimos a la niñez que nos rodea con las Sagradas Escrituras los resultados podrían ser otros.

Jesucristo y los niños

El Señor Jesucristo dio gran importancia a los pequeños. Cuando anduvo entre los hombres dejó preceptos y su ejemplo respecto a la obra de enseñarles la Palabra de Dios:

Dio gracias a Dios por lo que Él había revelado a los niños. 1

Puso a un niño en medio de los discípulos como ejemplo de humildad. 2

Mandó a sus discípulos que dejasen a los niños llegar a él. 3

Mandó a Pedro que apacentase a sus corderos. 4

Dijo que los niños alaban al Señor. 5

Tuvo compasión de las multitudes y empezó a enseñarles. 6

Si no logras que sus culpas reconozca el pecador,

Conducir los niños puedes al benigno Salvador.

2. REQUISITOS PARA ENSEÑAR

Para tal ministerio es necesario llenar los siguientes requisitos:

A. Conversión a Dios

Enseñar las cosas de Dios es privilegio exclusivo de los que han nacido de nuevo. Nacer de nuevo quiere decir arrepentirse y confiar en el Señor Jesucristo quien murió por nuestros pecados en la cruz. El que no es salvo está cegado espiritualmente y por lo tanto no puede conducir a otros al Señor ni entender las cosas de Dios. Jesucristo dijo: Si el ciego guiare al ciego, ambos caerán en el hoyo. 1 San Pablo escribió a los corintios: Pero el hombre natural no percibe las cosas que son del Espíritu de Dios, porque para él son locura y no las puede entender. 2

B. Buen testimonio

Notemos el consejo de Pablo a Timoteo: Procura con diligencia presentarte a Dios aprobado, como obrero que no tiene de qué avergonzarse. 3 El apóstol también pudo escribir sobre cuán santa, justa e irreprensiblemente él se había portado entre los creyentes. 4 Si nuestra vida no respalda lo que enseñamos nuestro trabajo será en vano.

C. Sinceridad

Es indispensable que seamos sinceros y sin motivación indigna. Por ejemplo, uno no debe buscar ser maestro para lucirse o para dejar una buena impresión ante sus compañeros. Despojémonos de todo egoísmo. Trabajemos porque el amor de Cristo nos constriñe. 5 Todo lo que hacemos debe ser hecho de corazón, como para el Señor y no para los hombres. 6 La sinceridad del maestro será reconocida por los alumnos.

Da lo mejor al Maestro, ríndele fiel devoción;

Sea su amor tan sublime el móvil de cada acción.

D. Aptitud para comunicar

Capacidad para enseñar y estimular el aprendizaje son cualidades necesarias. Cuando uno habla sin inspirar o motivar a sus alumnos, está hablando en vano. Es difícil comunicar lo que no creemos de todo corazón y lo que no nos llena de entusiasmo. Pablo aconsejó a Timoteo a avivar el fuego del don de Dios que había en él. 7 Nos conviene a nosotros recibir este consejo.

E. Experiencia

<hr>

Es costumbre en algunas congregaciones responsabilizar de una clase a creyentes nuevos cuando los tales debían estar aprendiendo en una clase que corresponda a su edad. En esas mismas iglesias puede haber hermanos de experiencia y conocimiento que no tienen la responsabilidad de una clase cuando bien podrían tenerla.

En algunas Escuelas Dominicales los maestros nuevos sirven primero como asistentes a los de mayor experiencia. Ellos ayudan oyendo a los niños decir las porciones que aprenden de memoria, designando nuevos textos, manteniendo el orden y dando la clase de vez en cuando. Este es un proceso recomendable con tal que el maestro esté dispuesto a adiestrar a su ayudante y que éste esté dispuesto a aprender. Así el ayudante podrá dar la clase solo cuando el maestro tenga que estar ausente.

F. Dedicación a la oración

El maestro sincero siente la necesidad de orar pidiendo al Señor:

—Por sí mismo, para que sea un obrero humilde, comprensivo, paciente y persistente con su clase.

—Por su mensaje, para que el Señor le dé luz espiritual. Si no contrista al Espíritu, Él puede guiarle a toda verdad. 8

—Por sus discípulos, pidiendo la ayuda de Dios para llevar a cabo sus propósitos de conversión, crecimiento en la gracia, consagración al Señor y a su servicio, etc. Hay que orar por cada uno en particular porque la oración eficaz del justo puede mucho.9

G. Diligencia

Como maestros tenemos que estudiar cuidadosamente:

1. Nuestro mensaje. Es preciso escudriñar las Escrituras y preparar la lección hasta que nuestra propia alma esté conmovida. El apóstol aconsejó a Timoteo: Ocúpate en la lectura. 10

2. Nuestros alumnos. Hay que observar las costumbres, los anhelos, las capacidades y los hogares de cada uno de ellos.

3. Nuestros métodos de enseñanza. Estos deben ser interesantes y efectivos. Aun el método que tiene mayor éxito se gasta con el tiempo. El maestro diligente nunca deja de aprender y busca siempre los métodos que resulten en mayor beneficio para sus alumnos.

H. Responsabilidad

Puntualidad: Sugerimos que el maestro llegue a la clase por lo menos diez minutos antes de la hora, si no está ocupado en el transporte de alumnos. Así podrá tener en orden el salón y su material didáctico y podrá saludar a sus alumnos según van llegando.

Cumplimiento: En ocasiones cuando tenga que ausentarse, el maestro responsable busca un suplente y avisa con anticipación al superintendente.

I. Sacrificio

Un espíritu de sacrificio nos conviene. Nuestro servicio requiere dedicación de tiempo, esfuerzo en oración y estudio, y el estar dispuestos a sacrificar nuestros ahorros en bien de los muchachos. El amor se mide por el sacrificio. Cristo amó a la iglesia y se entregó a sí mismo por ella. 11 El maestro que ama a su clase la llevará en el corazón y estará dispuesto a sacrificarse para ganarla para Cristo y guiarla en los caminos del Señor.

Veamos la necesidad de dedicar nuestra mente entera a la preparación; dedicar el alma entera en la presentación; y dedicar la vida entera a la ilustración de la lección.

Que mi tiempo todo esté consagrado a tu loor,

Que mis labios al hablar hablen sólo de tu amor.

3. EL ALUMNO

Nosotros los maestros no debemos perder de vista que el niño, en el proceso de desarrollo, atraviesa períodos de transición que afectan profundamente su comportamiento. Si deseamos que nuestra enseñanza sea efectiva consideremos la edad de nuestros alumnos y conozcamos las inclinaciones propias del período que atraviesan.

A. El primer período de la niñez (entre los 3-8 años)

Lo que sigue es característico del comportamiento del niño pequeño:

1. Curiosidad. El niño posee una curiosidad natural y una imaginación activa. Podremos captar su atención despertando su curiosidad y luego mantenerla apelando a su imaginación.

2. Inquietud. Los niños pequeños están acostumbrados a la actividad y para ellos es difícil sentarse quietos durante una hora. Es aconsejable variar las actividades de la clase con el fin de evitar monotonía y permitirles movimiento.

3. Credulidad. En vista de que los niños están dispuestos a creer todo lo que se les dice, tengamos cuidado de presentarles solamente verdad, y de una manera que ellos puedan retenerla.

4. Sensibilidad y sentido de culpa. Debemos recordar que cada niño tiene una conciencia, que todavía tiene el corazón tierno y que después hacer lo malo siente profundamente su culpabilidad. El temor puede provocar en el niño el deseo de ser perdonado.

5. Anhelo de ser amado y aceptado. La parte espiritual que Dios ha puesto en el niño le hace sentir temor y culpabilidad y es capaz de

conocer el perdón de Dios. Hay en cada niño, aun en el malcriado, el anhelo de ser amado y apreciado.

El mundo carece de comprensión y de verdadero amor. Muchos padres abandonan a sus familias. Hay madres sin afecto natural y personas que ejercen el magisterio sin vocación o verdadero interés en el bienestar de los niños en sus clases. Nosotros, los maestros de Escuela Dominical, tenemos el deber de mostrar al alumno nuestro amor hacia él. Esto lo haremos al hablar del amor infinito de Dios, enviando a su propio Hijo quien llevó el castigo para que el niño fuera perdonado. Nuestro deseo es que el niño, con fe sincera, reciba la salvación que Dios le ofrece. Entonces podremos mostrarle que es hecho acepto en el Amado. 1

Los pequeños pueden convertirse del pecado

Y entregarse a Cristo quien los llama con amor;

Pueden apartarse de las sendas de este mundo

Para andar en las pisadas de su Salvador.

B. El período final de la niñez (9-12 años)

Notemos algunas cosas sobresalientes del niño en esta etapa de su vida.

1. Despertamiento de la mente y de criterio propio. El niño piensa ahora en las situaciones de la vida, avalorando y haciendo decisiones según su propio criterio. Por esta razón, este es el mejor período para inculcar en el niño las verdades básicas acerca del pecado, la responsabilidad, la justicia divina, el amor de Dios y la obra de Cristo.

2. Agrupamiento espontáneo. El deseo de pertenecer a un grupo se manifiesta y a veces resulta en problemas. Entre los efectos que producen estos agrupamientos están la intranquilidad, la enemistad, la burla y la hostilidad. Las opiniones de la pandilla ejercen mucha influencia sobre algunos niños.

3. Sentido de lealtad. El deseo de ser leal al grupo puede ser usado para conducir al niño a comprender que la lealtad que realmente vale la pena es la que puede sentir hacia el Señor Jesús.

4. Culto a los héroes. Otra característica natural del niño de esta edad es la admiración que siente hacia los personajes de la televisión y el cine, los atletas y los héroes de los libros que lee. Procuremos utilizar estas tendencias naturales del niño interesándole en los héroes de la fe: hombres y mujeres que agradaron a Dios.

C. El período de la adolescencia (12-18 años)

Rasgos característicos del adolescente:

1. Está en transición. A veces actúa y piensa como adulto y otras veces como niño.

2. Tiene potencial insospechable. El joven de hoy puede ser el líder de mañana.

3. Carece de experiencia. A pesar de su capacidad el adolescente necesita algún control porque muchas veces le falta el dominio propio.

4. Desea diversión y alegría. Salomón habla de la inclinaciones naturales de la juventud: Alégrate joven, en tu juventud. 2

5. Tiene mayor interés en lo que él mismo hace, dice o realiza. Cuando se le obliga a ser pasivo y limitarse a escuchar al maestro, muchas veces se siente frustrado, sobre todo si no siente simpatía por su maestro y se rebela contra la escuela dominical. Cuando existe una actitud rebelde es difícil lograr buenos resultados en su corazón.

6. Quiere saber. Aunque a veces el joven pone en tela de duda las verdades que le han sido enseñadas, muy adentro tiene deseos de saber con certeza lo que ahora empieza a dudar. Por eso el joven puede ser atraído a la persona que tiene la respuesta que busca y sabe darla.

7. Procura no pensar en el futuro. Es natural para el joven ocuparse solamente del presente. El predicador advirtió: Pero sabe que sobre todas estas cosas te juzgará Dios. 3 El maestro o la maestra, recordando la tendencia de no pensar en el futuro, debe enfatizar con frecuencia que la juventud es época para prepararse y sentar bases para el porvenir.

8. Necesita a Dios. El consejo de Salomón aún tiene vigencia: Acuérdate de tu Creador en los días de tu juventud, antes que vengan los días malos, y lleguen los años de los cuales digas: No tengo en ellos contentamiento. 4

El adolescente está en transición, actúa con frecuencia impulsado por sus emociones. Debemos comprenderlo. Si queremos ser instrumentos en las manos del Espíritu Santo tenemos que aprender a trabajar con el joven y no en su contra.

4. GUIAS PARA LA ENSEÑANZA
El propósito de la enseñanza

⸻

Jesucristo está en todas las Escrituras. La mañana del día de la resurrección él comenzó desde Moisés, y siguiendo por todos los profetas, les declaraba en todas las Escrituras lo que de él decían. 1

El maestro o la maestra de Escuela Dominical tiene el deber de presentar a Cristo aun cuando estudia con su clase las historias del Antiguo Testamento. Para demostrar la importancia de esto relataremos una historia tomada de la vida real.

Carlos quería asistir a la Escuela Dominical pero su papá no le daba permiso. Sin embargo, en tres oportunidades cuando su padre estaba ausente, asistió a la clase con un compañero. Más tarde Carlos enfermó gravemente y al ser visitado en el hospital por una señora evangélica, ésta le preguntó si alguna vez había asistido a una Escuela Dominical.

—Si—contestó—, fui tres veces.

—¿Aprendiste algo del Señor Jesús?

—No señora, el primer domingo la maestra habló de Abraham, el segundo de José y el tercero nos contó la historia de Moisés, pero no llegó a Jesús.

La señora, pensando en el estado delicado del muchacho, le habló de Abraham, y la ocasión cuando Dios proveyó un sustituto para Isaac. 2 Explicó como Jesucristo fue nuestro sustituto cuando El llevó nuestros pecados en su cuerpo sobre el madero. En la próxima visita habló de cómo José es una ilustración del Señor Jesucristo: amado de su padre, despreciado y vendido por sus hermanos, y cómo llegó a ser preservador de la vida. 3 Más tarde habló de Moisés y la serpiente de bronce. Enseñó que como Moisés levantó la serpiente, así Cristo fue levantado en una cruz. 4 Carlos vino a entender que Jesucristo murió por él y allí en el hospital le aceptó como su Salvador.

La Biblia es la revelación de una persona: nuestro Señor Jesucristo. Es la exposición de un tema: la redención por su sangre. Esto lo hallamos en la historia, las profecías, los símbolos, los muebles del tabernáculo, 5 y en toda la Biblia.

La Biblia revela a Cristo, la ley nos da sombras de él;

Profetas su muerte decían, los salmos también, cual vergel.

A. ¿Qué podemos enseñar a los niños pequeños?

Los niños pequeños, como dijimos en el capítulo anterior, son curiosos, inquietos, prestos a creer, sensibles y anhelan ser amados. A ellos les llama la atención las historias del Señor Jesús. Les gusta oir del poder de Dios en la creación y de personas como José, Moisés, Samuel, David, etc. Es bueno recordar que el párvulo retiene muchas de las cosas que ve, aun más de las cosas que hace, pero muy poco de lo que nada más oye.

B. ¿Qué podemos enseñar a los niños más grandes?

Nuestro objetivo debe ser enseñar todas las historias principales de la Palabra de Dios. Si damos cincuenta lecciones en el curso de un año, podremos lograr este objetivo en alrededor de cinco años. Podemos enseñar el Antiguo Testamento por seis meses y el Nuevo por los meses restantes. Al siguiente año empezamos donde dejamos de enseñar. Si la clase cambia de maestro, el nuevo empezará a enseñar en la parte donde el otro terminó. De esta manera los alumnos tendrán conocimiento de las historias de la Biblia en su orden cronológico.

Este plan parecerá demasiado difícil para el maestro que se limita a uno o dos libros favoritos o que prefiere hablar mucho tiempo de un solo personaje o de un solo capítulo. El maestro no debe tener miedo ni flojera ante un plan que le ayudará a ensanchar sus propios conocimientos de las Escrituras. Si el maestro no estudia para crecer, él y sus alumnos son los perjudicados.

Algunas congregaciones tienen la costumbre de interrumpir la enseñanza sistemática de la Escuela Dominical para celebrar reuniones especiales donde un hermano da un mensaje a toda la Escuela Dominical. Esto puede ser útil al principio o al fin de un ciclo de estudios, en fechas cuando los niños pasan de una clase a otra, pero no debe hacerse con mucha frecuencia. Por lo general el niño aprende poco en estas reuniones porque las enseñanzas no siguen un plan definido, porque pierde el contacto personal con su propio maestro y porque el mensaje dirigido a todos no puede satisfacer las necesidades particulares de cada etapa de crecimiento.

C. ¿Qué podemos enseñar a los adolescentes?

He aquí algunas sugerencias sobre temas que podrían resultar provechosos para alumnos de esta edad.

1. Temas doctrinales ilustrados por historias del Antiguo Testamento.

a) La condenación del hombre (desobediencia de Adán y Eva). 6

b) El juicio de Dios (Sodoma y Gomorra). 7

c) La sustitución (el sacrificio de Isaac). 8

d) La decisión (Rebeca). 9

e) La reconciliación (José y sus hermanos). 10

f) La redención por sangre (el cordero de Éxodo). 11

g) La expiación del pecado (los dos machos cabríos). 12

h) La salvación por fe (la serpiente de bronce). 13

i) La seguridad (el cordón rojo). 14

j) La regeneración (los huesos secos). 15

2. Mujeres de la Biblia

Las alumnas tendrán especial interés en las mujeres de las Escrituras. Cada joven en la clase puede preparar y presentar un informe sobre una mujer la Biblia, relatando la manera en que agradó o desagradó a Dios. Estos informes pueden servir como introducción a las lecciones sobre estas mujeres.

3. Jóvenes guerrilleros

Para el espíritu de "activista" en el joven, hay biografías de personajes como Jefté, Gedeón, David y Jonatán.

4. Las dos naturalezas del creyente

Es aconsejable enseñar que el creyente tiene dos naturalezas y que hay conflicto constante entre nuevo hombre (el espíritu) 16 y el viejo hombre (la carne). 17

5. La venida del Señor Jesucristo

La verdad de la segunda venida del Señor 18 y otros eventos futuros como el tribunal de Cristo 19 ha despertado en muchos jóvenes el deseo de ser salvos y de usar su vida para la gloria de Dios. Para poder enseñar estas verdades de una manera convincente nosotros tenemos que vivir esperando la venida de nuestro Maestro y Señor.

¡Oh! háblame, Señor, y hablaré en ecos vivos de tu voz;

Y, como hallado tuyo, buscaré a los perdidos para Dios.

5. JESUCRISTO, EL GRAN MAESTRO

Uno es vuestro Maestro, el Cristo." 1 "¿Qué enseñador semejante a él?" 2 "Y venido a su tierra, les enseñaba en la sinagoga de ellos, de tal manera que se maravillaban, y decían: ¿De dónde tiene éste esta sabiduría y estos milagros?" 3 "¡Jamás hombre alguno ha hablado como este hombre!" 4

El Maestro incomparable enseñó las verdades divinas de muchas maneras: viviendo santamente, obrando milagros, utilizando ejemplos, estableciendo comparaciones, haciendo preguntas, relatando parábolas, etc. Contemplémosle en acción:

A. Su ejemplo

Dios estima las obras de mayor importancia que las palabras. Por eso Lucas escribió: Estas son las cosas que Jesús comenzó a hacer y enseñar, 5 y dijo que Cristo era poderoso en obra y palabra. 6 Notemos el orden de las cosas en estas dos citas.

Nuestros hechos durante la semana hablan más que nuestras palabras el domingo. Es a Dios a quien debemos agradar antes que a los hombres. El versículo citado declara que Jesús era poderoso en obras delante de Dios primeramente, y luego delante de todo el pueblo. Nuestro servicio en la Escuela Dominical debe ser hecho de tal manera que el Señor sea glorificado primeramente; si es así los alumnos serán beneficiados.

B. Sus milagros

<hr>

Jesús nazareno fue varón aprobado por Dios con maravillas, prodigios y señales. 7 El apóstol Juan, por ejemplo, relata siete de sus milagros o señales en los primeros once capítulos de su Evangelio. A veces un evangelista agrega detalles que el otro no menciona. Cada evangelista destaca en su relato los detalles que hacen resaltar el enfoque con que presenta la persona del Señor Jesucristo.

Los milagros testifican de la divinidad de Cristo siempre traen enseñanzas en cuanto a la debilidad del ser humano en contraste con el poder de Dios. Jesucristo es todavía hacedor de milagros porque Él tiene toda potestad en el cielo y en la tierra. El cambia la tristeza en gozo, las tinieblas espirituales en luz y a los pecadores en santos.

C. Sus lecciones objetivas y comparaciones

Dios empleó muchos objetos para llamar la atención del pueblo de Israel. Los profetas usaron, por ejemplo, la plomada de albañil, 7 higos buenos y malos, 8 la vara de almendro, 9 un cinto podrido, 10 etc. Los evangelistas igualmente relatan que Jesús hablaba de una moneda, 11 de las aves, 12 de los lirios del campo, 13 etc. Tomó un niño y enseñó la necesidad de la humildad; 14 tomó una toalla y con ella enseñó la importancia del servicio; 15 con los panes enseñó la seguridad de la provisión divina. 16

El lenguaje del Señor fue rico en comparaciones fáciles de comprender. A los falsos profetas los llamó lobos vestidos de ovejas; 17 su muerte fue comparada a un grano de trigo que muere en la tierra; 18 a los hipócritas los llamó sepulcros blanqueados; 18 comparó el renacimiento por el Espíritu Santo con el viento. 20

D. Sus preguntas

El Señor preguntaba a menudo. No lo hacía por ignorancia, ni por tentar, sino porque deseaba involucrar a sus oyentes en la conversación, haciéndolos reflexionar. Por ejemplo: ¿Quién dicen os hombres que es el Hijo del Hombre? 21 ¿Es lícito en los días de reposo hacer bien? 22 ¿Qué te parece, Simón? 23 ¿Quién de estos tres parece que fue el prójimo? 24

E. Sus parábolas

Una parábola bíblica no es un cuento, sino una comparación tomada de la vida común en forma de un relato verosímil. Dios dijo en Oseas: Por medio de los profetas usé parábolas. 25 Jotán relató la parábola de los árboles. 26 Natán habló a David del rico que mató la oveja del pobre, para que David reconociera su pecado. 27

Jesucristo hablaba en parábolas y el pueblo le oía de buena gana. 28 Los Evangelios contienen unas cincuenta parábolas suyas. La parábola del hijo pródigo 29 se lee fácilmente en tres minutos y es una de las más largas. Ellas tratan temas como cosas perdidas, 30 los muchachos en la plaza, 31 el viajero asaltado, 32 el vestido de bodas, 33 etc. Por medio de parábolas Cristo enseñó verdades divinas.

F. Sus palabras

Nicodemo llamó al Señor Jesús *Maestro*. 34 Bien sabía el Señor que este hombre tenía sus propias ideas, pero no perdió tiempo hablando de ellas sino que le advirtió en seguida sobre la necesidad de nacer de nuevo. Nosotros debemos hablar las palabras que Cristo habló, bien sean las que se refieren a su persona como las que describen al pecador. Cristo dijo: Las palabras que yo os he hablado son espíritu y son verdad. 35

Más de Jesús quiero aprender, más de su gracia conocer,

Más de sus dones recibir, más con los otros compartir.

6. PREPARACION DEL MAESTRO

No podemos contar con la ayuda del Señor si no tomamos tiempo para estudiar su Palabra. En la Biblia notamos que Dios siempre llama a su servicio a personas que están ocupadas haciendo algo. En los tiempos difíciles de los jueces había un hombre llamado Gedeón, que sacudía el trigo en un lagar. Sacudir el trigo puede hablarnos de estudiar las Escrituras buscando alimento espiritual. Dios le observó y leemos que el ángel de Jehová se le apareció y le dijo: Jehová está contigo, varón esforzado y valiente. 1

En vista de la gran importancia que tiene la Escuela Dominical debemos sentir nuestra responsabilidad delante del Señor de preparar la lección de tal manera que el Espíritu Santo pueda usarla para la bendición de los alumnos, tanto de los inconversos como de los que ya son salvos.

El Señor Jesús dijo: Los hijos de este siglo son más sagaces en el trato con sus semejantes que los hijos de luz. 2 Lamentablemente, esto a veces es muy evidente en la Escuela Dominical. El gobierno del país requiere que los que enseñan en las escuelas estudien la pedagogía y que conozcan debidamente las materias a su cargo. Sin embargo, muchos creen que los maestros de Escuela Dominical pueden impartir las verdades divinas a la juventud sin preparación alguna.

Es cierto que Dios puede hacer su obra sin valerse de la sabiduría y preparación de este mundo, y que el Espíritu Santo dirige y ayuda al creyente que está en comunión con él, pero nada de esto nos da libertad para descuidar nuestra preparación. Tengamos presente que Dios declara: Maldito el que hiciere indolentemente la obra de Jehová. 3

A. Su estudio en privado

Esdras, el escriba, fue uno de los maestros más destacados del Antiguo Testamento. Veamos su preparación según Esdras 7:10:

1. Preparación del corazón. "Porque Esdras había preparado su corazón". Sobre toda cosa guardada, guarda tu corazón. 4

2. Preparación de la mente. "Porque Esdras había preparado su corazón para inquirir la ley de Jehová". Esdras estudiaba diligentemente la Palabra de Dios. Escudriñad las Escrituras. 5

3. Preparación por medio de la obediencia. "Porque Esdras había preparado su corazón para inquirir la ley de Jehová y para cumplirla ..." Lo que aprendisteis y recibisteis y oísteis y visteis en mí, esto haced. 6

4. Instrucción como resultado de la preparación. "... y para enseñar en Israel sus estatutos y decretos". Pablo escribió a Timoteo: Ocúpate en la lectura y la enseñanza. 7

La obra de la Escuela Dominical es la obra del Señor. El apóstol escribió: Todo lo que hagáis, hacedlo de corazón, como para el Señor y no para los hombres, porque a Cristo el Señor servís. 8

En el libro de Eclesiastés el sabio Salomón dijo: Cuanto más sabio fue el predicador (o maestro), tanto más enseñó sabiduría al pueblo, e hizo escuchar, e hizo escudriñar. Procuró el predicador hallar palabras agradables, y escribir rectamente palabras de verdad. 9

Abre mis ojos, Señor; Abre mis ojos, Señor;

Y yo en tu ley maravillas veré, si me enseñas, Señor.

B. Libros de referencia.

———

La Palabra de Dios es nuestro texto guía y se explica a sí mismo. Nuestra mejor fuente de material para la enseñanza la hallamos en las Escrituras. Además del pasaje de la lección, muchas veces hay pasajes paralelos. Esto ocurre en los libros de Reyes y Crónicas y en los cuatro Evangelios. Leyendo estos pasajes juntos tenemos la historia más completa. Las referencias al margen de la Biblia son de ayuda para encontrar estos pasajes y también notas como las del doctor Scofield.

El maestro debe tener a mano una concordancia y un diccionario bíblico. La concordancia le ahorrará mucho tiempo y le llevará a versículos que serán de ayuda para desarrollar el tema que está preparando. Hay muchos comentarios que dan luz sobre los libros que componen la Biblia pero en ellos hay un peligro. Antes de estudiar o comprar un libro escrito por un autor que desconocemos es aconsejable consultar con un hermano de más conocimiento.

En algunas librerías evangélicas podemos obtener manuales para el uso del maestro y lecciones que vienen con figuras para el franelógrafo. Algunos de estos materiales son de mucha ayuda. Pero sugerimos que el maestro haga su propio estudio de las Escrituras primero, apunte sus pensamientos, y luego añada lo que halla provechoso de otros libros.

Comprar libros representa un gasto para el maestro, pero ¿quién de nosotros no gasta más en el sostén de su cuerpo que en el de su alma?

C. Los archivos del maestro

Sin mayor gasto podemos recopilar en nuestros archivos material para las lecciones que vamos a enseñar. El archivo se construye con una caja grande de cartón y unas carpetas hechas de cartulina doblada, cada una con un título. La maestra de infantes guardará láminas, dibujos y figuras. El que da clases a niños de más edad o a jóvenes archivará mapas, cartas gráficas, bosquejos, notas de predicación y enseñanza que ha escuchado, historias y recortes de revistas, prensa, tratados y hojas de calendarios que sirvan para ilustrar o introducir las lecciones. También guardará en sus archivos fotos y artículos sobre lugares y costumbres de tiempos bíblicos y de descubrimientos arqueológicos.

En algunas clases de adolescentes suele presentarse la dificultad de motivar a algunos alumnos que conocen hasta el cansancio la lección a ser estudiada. ¿Cómo podremos lograr su interés en una lección que creen ya conocer? El maestro de jóvenes debe estar en constante búsqueda de información, archivando detalles, circunstancias y costumbres de tiempos bíblicos. Luego la presentación de este material debe ser de acuerdo a la capacidad y al interés de los alumnos, para ayudarles a apreciar más las verdades del evangelio y de la doctrina bíblica.

Génesis 11:31 dice simplemente que Abram, Sarai y los demás salieron de Ur de los Caldeos para ir a la tierra de Canaán. ¿Qué significaría este traslado para Sarai? Los descubrimientos arqueológicos muestran que Ur era una ciudad civilizada, con casas cómodas. Abram y Sarai dejaron atrás todo eso al emprender un viaje de alrededor de dos mil kilómetros y por el resto de su vida moraron en tiendas. Anhelaban una ciudad celestial que Dios les había preparado. 10

Lee la Biblia, sus bellas historias traen al alma salud celestial:

Llenen tu espíritu todas sus glorias, y gozarás de su luz celestial.

7. PLANIFICACION DE LA ENSEÑANZA

Planificar es establecer anticipadamente un plan de trabajo. Nos fijamos un objetivo, delineamos los pasos que vamos a seguir y juntamos el material que hemos de usar para alcanzar el objetivo propuesto. Esto puede hacerse a largo plazo o por lección. Tener un objetivo inspira confianza. Si trazamos de antemano lo que pretendemos realizar, sabremos cómo hacer planes para alcanzar nuestra meta. Esto nos ayudará a distinguir entre lo urgente, lo importante y lo esencial

Planificación a largo plazo

Habiendo considerado en una manera general nuestra responsabilidad como maestros, las necesidades de los alumnos y el contenido de nuestro libro de texto (la Biblia), estaremos en condición para preparar un plan a largo plazo. En este plan anotaremos lo que queremos enseñar cada domingo.

Tenemos que tomar en cuenta el grupo de alumnos que nos ha sido encomendado: sus edades, su sexo, lo que han aprendido ya de las Escrituras, sus conocimientos y experiencias y lo que les interesa.

Aprovechando el interés que algunos alumnos tendrán en ciertos días del año podremos incorporar nuevas lecciones o modificar el orden que las que ya hemos escogido. Por ejemplo: en el día del árbol sería interesante una lección sobre ciertos árboles de las Escrituras; el día de la madre la lección puede ser acerca del regalo que Jesucristo presentó a una madre; 1 en el mes de diciembre los niños tendrán especial interés en la historia del nacimiento de Jesucristo.

El punto principal es que el plan y la manera como se presenta la enseñanza deben estar acordes con la capacidad y el modo de entender de los alumnos. El apóstol fue, humanamente hablando, un hombre muy inteligente y bien instruido; no obstante, él reconoció que cuando niño él hablaba, pensaba y juzgaba como niño. 2

Se requiere fuerza de voluntad para trazar y llevar a cabo un plan a largo plazo; pero si lo hacemos en comunión con el Señor, Él nos ayudará.

Una joven creyente contó como ella aprendió lo útil que era preparar y seguir un plan en la enseñanza. Esto es lo que me dijo:

—Me dieron una clase de muchachas de doce a catorce años y procuré enseñarles las historias bíblicas que sabía. Al fin de un año tuve que reconocer que había logrado muy poco con ellas. Pedí la ayuda del Señor y luego preparé una serie de lecciones sobre el Señor Jesucristo. Estudiamos a Cristo como el Mesías que cumplió las profecías del Antiguo Testamento, como el Cordero de Dios que quita el pecado del mundo, le estudiamos como Maestro y con varios otros títulos u oficios que encontramos en los Evangelios. Por fin llegamos a la última de estas lecciones, la más solemne: el Señor Jesucristo como Juez (Juan 5:22; Apocalipsis 20:11). El siguiente domingo por la noche recibí una llamada telefónica de una de mis alumnas y esto es lo que me dijo:

—Toda la semana he estado pensando en la lección y preguntándome: ¿Cómo podré presentarme al Señor ante el Gran Trono Blanco? Pero, Maestra, ya sé que nunca tendré que hacerlo porque esta noche le recibí como mi Salvador.

Planificación por lección

Disponer de un archivo, como ya hemos sugerido, favorece en gran manera la planificación ya que así disponemos del material de trabajo que podemos requerir en un momento dado.

Un maestro que ha gozado de bendiciones en su clase describe su método en las siguientes palabras:

—Tengo cincuenta y dos carpetas, una para cada lección del año, con el tema de la lección y la fecha marcados en cada una. Busco y archivo notas, mapas, cuadros y cartas gráficas que tienen que ver con el tema de cada lección. Cuando empiezo a preparar cierta lección me refiero primero a los objetivos en la planificación a largo plazo. Luego reviso el material en la carpeta correspondiente, evaluando, eliminando y seleccionando el material que usaré.

Planificar es lo opuesto a improvisar. Enseñanza en la Escuela Dominical requiere preparación delante del Señor, y mientras más temprano en la semana comencemos, mejor. Primeramente pidamos en oración la ayuda de Señor; luego leamos cuidadosamente las porciones de las Escrituras, tomando notas de nuestra meditación personal; después podemos consultar manuales y otros libros; luego determinaremos la manera de utilizar los materiales que hay en nuestro archivo.

Orden de enseñanza

Hay tres tipos de orden que debemos tomar en cuenta en la planificación de la lección:

A. Orden de comprensión. Empezaremos nuestra enseñanza con lo que el niño sabe y lo llevaremos a lo que todavía no sabe. Esta es la base de la verdadera enseñanza. Hay que empezar con las experiencias conocidas, las semejanzas entre lo conocido y lo desconocido, y luego por pasos graduados llevar al niño a nuevos descubrimientos.

B. Orden psicológico. El párvulo es muy limitado en sus experiencias, pero esto no quiere decir que es incapaz de pensar. El proceso de pensamiento (seleccionar y aplicar conocimientos a un problema) puede desarrollarse hasta en un párvulo bajo la guía de un buen maestro. Hay que conectar las lecciones nuevas con las que ya han sido aprendidas de tal manera que el niño pueda trasladar lo que ya conoce al tema de las nuevas lecciones.

C. Orden cronológico. Procuremos dar una idea clara del orden en que sucedieron los acontecimientos en las Escrituras. Para una clase de jóvenes puede resultar provechoso un estudio de las siete dispensaciones señalando algunos acontecimientos importantes en cada una. Tal estudio pone de manifiesto que la historia es el desarrollo de los planes y propósitos de Dios. Un bosquejo completo de las dispensaciones se encuentra en la Biblia anotada de Scofield.

Organización de la lección

Se puede organizar la lección de la siguiente manera:

A. El tema principal. El tema de la lección es la verdad básica que el maestro quiere inculcar en sus discípulos. En la Biblia hay un sin número de temas que podrían seleccionarse. Presentaremos algunos a título de ejemplos: la caída del hombre, la promesa de un Salvador, el Cordero de Dios.

B. El texto clave. Este texto debe expresar el tema de la lección y ayudar al alumno a fijar sus pensamientos en esa verdad. Puede ser una parte del pasaje que será leído en la clase o tal vez otra Escritura. Por ejemplo, si la lección versará sobre la caída del hombre relatada en Génesis 3, el texto clave podría ser: Cómo el pecado entró en el mundo por un hombre, y por el pecado la muerte, así la muerte pasó a todos los hombres, por cuanto todos pecaron. 3

C. Los pasajes de las Escrituras que han de ser leídos. Por lo regular, es mejor no leer mucho de una sola vez en la clase, especialmente si los alumnos son niños pequeños o inquietos, por cuanto no siempre entienden lo que se lee ni prestan la debida atención. Pero, algo de la Palabra de Dios debe leerse cada vez que el maestro se reúne con su clase.

D. Introducción a la lección. Podría ser una pregunta, una ilustración breve, láminas o dibujos, un objeto que se muestre, etc.

E. Porción asignada. El maestro que quiere agradar a su Señor no escoge al azar los versículos que han de ser aprendidos de memoria. El que tiene verdadero interés en el bienestar de su grupo pensará detenidamente cuánto y qué asignar como tarea. Es nuestro deber enseñar a los alumnos las palabras textuales de la Biblia. El apóstol Pablo conoció el hogar en que Timoteo fue criado y le recordó: Desde la niñez has sabido las Sagradas Escrituras, las cuales te pueden hacer sabio para la salvación ... 4 Es decir, las palabras que aprendió de niño le ayudarían ahora en las cosas espirituales.

Es más fácil enseñar un versículo si lo dividimos en frases. Por ejemplo, Juan 3:16 puede dividirse así, enseñando y explicando una frase antes de pasar a la siguiente:

—Porque de tal manera amó Dios al mundo,

—que ha dado a su Hijo unigénito,

—para que todo aquel que en él cree,

—no se pierda,

—mas tenga vida eterna.

No debemos prescindir de la repetición y el repaso de las Escrituras aprendidas. Hay muchas maneras de evitar el aburrimiento y mantener el interés. Podemos preparar carteles escribiendo de un lado la referencia y la letra completa del versículo. Del otro lado se colocan figuras y una que otra palabra que ayudarán al alumno a recordar lo que ha aprendido.

Por ejemplo, para recordar Juan 5:24 podemos hacer lo siguiente:

—la figura de una oreja

—una Biblia abierta

—la palabra *cree*

—la palabra *condenación*, tachada

—un cuadro o círculo negro con la palabra *muerte*

—otro amarillo o naranja con la palabra *vida*

—una flecha indicando movimiento del primero al segundo.

El maestro también debe aprender de memoria los textos que asigna a sus alumnos. Al pueblo de Israel se le aconsejaba: Estas palabras que yo te mando hoy, estarán sobre tu corazón; y las repetirás a tus hijos, y hablarás de estando en tu casa, y andando por el camino, y al acostarte, y cuando te levantes ... y las escribirás en los portales de tu casa, y en tus puertas. 5

Los premios estimulan el esfuerzo. No son por tarea cumplida sino reconocimiento del trabajo hecho por el alumno. Es preferible ofrecer un premio de poco costo a cada niño que aprenda la porción asignada que algo costoso al que la aprendió primero. Un buen premio para el alumno que interesa en aprender las porciones asignadas sería un texto atractivo que él podría colgar en la pared de su casa.

F. Puntos principales de la lección. En el plan habrá una lista de los puntos que queremos enseñar y del orden en que han de ser enseñados.

G. Preguntas acerca de la lección. Veremos adelante cómo deben ser las preguntas.

H. Ilustraciones. Las ilustraciones sirven para arrojar luz sobre la lección. Deben estar bien distribuidas a través de la lección sin ser demasiadas en número. Cuando la lección es algo difícil o estamos introduciendo un concepto nuevo es bueno poder decir: —Por ejemplo—o—Supongamos que ... Basta ver el efecto que estas declaraciones producen en los alumnos para darnos cuenta del valor de una ilustración. Notemos cuántas ilustraciones usó Cristo en el sermón del monte. 6

I. Aplicación de la lección y breve conclusión. Hay que dejar suficiente tiempo al fin de la hora de clase para repasar la verdad principal contenida en la lección, con el fin de aplicarla a la vida de cada alumno. La conclusión puede tomar la forma de una invitación a aceptar al Señor Jesucristo como Salvador o una exhortación en cuanto a la vida cristiana si los alumnos ya son salvos. A veces la aplicación será directa; en otras ocasiones se hará en forma indirecta por medio de preguntas. En todo caso debe ser breve a fin de que los alumnos la tomen a pecho.

Enséñame, Señor, y enseñaré siempre las cosas tuyas en sazón;

Dame palabras, y yo alcanzaré al que es de tierno corazón.

8. DIVERSOS ENFOQUES

Hemos notado que cada lección debe tratar un tema o verdad básica de las Escrituras. En este capítulo vamos a usar la historia del maná en el desierto (Éxodo 16) como figura simbólica del Señor Jesús, el Pan de Vida. Veamos cómo el maestro puede enseñar esta verdad en diferentes maneras, de acuerdo con la capacidad y conocimiento de sus alumnos.

Usaremos la planificación de lección sugerida en el capítulo anterior: definir el tema; usar un texto que exprese bien la enseñanza; decidir qué pasaje de las Escrituras vamos a leer en clase; determinar cuáles puntos queremos explicar; pensar en preguntas apropiadas; preparar ilustraciones; terminar con una breve aplicación de la historia y la condición espiritual de los alumnos.

Recordaremos que la verdad divina es una sola pero los alumnos se encuentran en distintos niveles en cuanto a su conocimiento de la Palabra de Dios.

A. Principiantes pequeños

Los niñitos, cuando empiezan a asistir a la clase, no entienden lo que es una figura simbólica, pero podemos hablarles del cuidado que Dios tenía para su pueblo y que tiene también para nosotros. Podemos relatar en forma sencilla la historia de los israelitas tomando como texto clave Éxodo 16:15: "Es el pan que Jehová os da para comer".

Será preciso explicar que Dios mandó esta comida día tras día por muchos años, y que cada uno tenía que buscarla y comerla. ¿Quién envió pan del cielo? ¿Quién envía la lluvia para que las plantas crezcan? ¿Quién nos da la comida a nosotros? Dios que nos conoce y nos ama es el que sustenta toda la creación. El Señor Jesucristo es Dios Hijo. Un himno apropiado para esta lección es: Cristo me ama, me ama a mí.

B. Niños mayores

—

Estos podrán comprender que la milagrosa provisión de pan para el pueblo de Israel habla de aquel que vino para suplir nuestra necesidad espiritual. Así podremos hablarles del Pan de Vida en Juan 6:35, conectándolo con Nehemías 9:15: "Les diste pan del cielo en su hambre".

La lectura podría limitarse a una selección de versículos de Éxodo 16 y luego Juan 6:31-35. Al narrar brevemente la historia de los israelitas explicaríamos que no podían sembrar porque estaban en el desierto y eran peregrinos; tenían hambre, y Dios hizo llover pan del cielo. Hablaríamos de cómo era el maná y que el pueblo, cuando lo vio por primera vez sobre la arena, preguntó: ¿Man hu, man hu?, que quiere decir: ¿Qué es esto? Moisés les respondió: Es el pan que Dios os ha dado para comer.

Antes de hacer preguntas podríamos ilustrar la lección para poner en claro que el maná es una figura simbólica del Señor Jesucristo. Comemos pan, verduras, carne y frutas. ¿Por qué? Para sostener la vida, para que el cuerpo crezca y para que nuestro organismo realice sus funciones ordinarias.

Ahora viene la aplicación. Esta se encuentra en Juan 6:31-35. Jesucristo es el Pan de Vida: vino del cielo, nació de una virgen, creció, hizo milagros, enseñó a la gente y dio su vida para salvarnos y darnos vida eterna. Si confiamos en el pan de cada día para mantener la vida física, debemos confiar en el Pan de Vida para la vida eterna. Un coro que expresa esta verdad es: El Pan de Vida soy, dice el Señor.

C. Adolescentes

El enfoque discutido anteriormente es apropiado también para los alumnos grandes, pero abarcando Juan 6:51 y una lectura un poco más extensa en Éxodo 16. El maestro podrá aplicar el relato más detalladamente: el maná vino del cielo, como Cristo; era menudo, lo que habla de la humildad de Cristo; era redondo, como lo eterno que no tiene principio ni fin; era blanco, figura de la pureza del Señor Jesús; tenía sabor a miel, como Cristo es dulce a quien le recibe; caía sobre la faz de la tierra, recordándonos que Cristo está al alcance de todos; tenía que recogerse de mañana ya que se derrita al salir el sol, "Acuérdate de tu Creador en los días de tu juventud" y "Me hallan los que temprano me buscan" 2; el maná criaba gusanos y hedía al no comerlo, así el conocimiento sin la obediencia puede producir indiferencia y orgullo.

El maestro habrá leído en casa el capítulo 11 de Números, pero probablemente no querrá tanta lectura en una clase de esta edad. Pero podrá añadir que el maná era transparente como el bedelio, símbolo de la vida intachable del Señor Jesucristo; fue cocido, como el Señor sufrió el calor de la ira le Dios; tenía sabor de aceite nuevo, así como el sacrificio de Cristo es siempre fresco para los que en él confían; caía sobre el rocío y no tenía contacto con a tierra, así como el Señor no se contaminó con el mundo.

Las preguntas pueden comenzar con el porqué del maná y de dónde venía. Si la familia no tenía tiempo de recogerlo por la mañana, ¿lo podrían hacer más tarde? ¿por qué no? ¿Cuándo debemos recibir a Cristo? ¿Se pierde algo al recibir a Cristo siendo joven?

A los soldados bajo las órdenes de Bolívar, Páez y Sucre muchas veces se les hincharon los pies al caminar grandes distancias y no pocas veces padecieron hambre. Los israelitas, sin embargo, caminaron por espacio de cuarenta años y no se hincharon sus pies y de ninguna cosa tuvieron necesidad. 3 El maná les sirvió de alimento. El que come del Pan de Vida tiene vida eterna y estará provisto de todo lo que es realmente importante.

Añadiremos dos secciones a este capítulo sugiriendo un énfasis para una clase donde todos, o la mayoría, sean alumnos creyentes y otro para el caso contrario.

D. Alumnos inconversos

═══

Con este grupo conviene destacar que muchos no aceptaron con agrado la provisión hecha por Dios, ni la aceptan todos hoy día. Dios mandó del cielo una comida perfecta para los israelitas, pero ellos la despreciaron. Dios nos ha dado lo mejor que tenía en el cielo, su amado Hijo. Al que desprecia al Hijo de Dios y la salvación provista por él le espera la condenación. ¿Cómo escaparemos nosotros, si descuidamos una salvación tan grande? 4

La conversación podrá extenderse a otras porciones de las Escrituras como las siguientes: Pan de nobles comió el hombre. 5 Nuestra alma se seca pues nada sino este maná ven nuestros ojos. 6 Nuestra alma tiene fastidio de este pan tan liviano. 7

Las preguntas del maestro podrían versar sobre la suficiencia del maná y la actitud del pueblo, y deben servir para enfatizar la aplicación de Juan 6:35, que Jesucristo es el Pan de Vida.

Bien, vamos a pensar ahora en una ilustración propia para esta clase. Acá en Venezuela un grupo de médicos realizó una investigación sobre la desnutrición de los niños pequeños en el país. Descubrieron que muchos niños padecían raquitismo porque no bebían leche. Pero esto se debía, no tanto a que no hubiera leche, sino a que no la apetecían, no les gustaba beberla. El israelita que despreciaba voluntariamente el maná, una comida que tenía todas las vitaminas y proteínas necesarias para la salud del cuerpo, tuvo que pagar caro las consecuencias. De la misma manera, el joven inconverso que prefiere la televisión a la Palabra de Dios, el cine antes que el culto de predicación y el mundo antes que Jesucristo corre grave riesgo de perder su alma. El que rehúsa comer el

Pan de Vida, es decir, creer en el Hijo de Dios, no verá la vida sino que la ira de Dios está sobre él. 8

E. Alumnos creyentes

―――

Si el maestro limita su lectura a Éxodo 16 no podrá presentar todo lo concerniente al tema del maná. Hemos visto que hay otras porciones que abundan en explicaciones para los que no son salvos; hay más todavía para el pueblo de Dios.

Para el creyente, comer el maná simboliza meditar en la vida terrenal de humillación de nuestro Señor Jesucristo. Participamos de él para obtener la salvación, según Juan 6:54, pero para recibir sostén en la vida espiritual tenemos que comer su carne (6:56-58), meditando en su humillación. Al alimentarnos así diariamente recibimos fuerza por la vida de él.

El maná guardado en una urna en el lugar santísimo sería como testimonio para los descendientes de los israelitas. Podemos discutir en clase Éxodo 16:33 y Hebreos 9:4, llegando al versículo 23 donde habla de figuras de las cosas celestiales. El maná escondido nos hace pensar en la exaltación del Señor. Apocalipsis 2:17 habla de maná para el vencedor. El estudio podría tratar primero del maná esparcido para la salvación y luego del maná escondido que recibe el creyente que vence en la prueba. Una discusión de las pruebas en la vida cristiana y la importancia de ser vencedor en ellas no va a interesar a los alumnos menores ni a los que no son salvos, pero será muy apropiada para una clase de creyentes.

Finalmente se puede mencionar Josué 5:12, donde dice que el maná cesó. El maná fue para el desierto pero en la tierra prometida había manjares mejores. El Señor nos ha dado amplia provisión para esta vida, pero por delante nos esperan cosas mejores. Debemos comer de él aquí, buscando diariamente lo que ha sido provisto para la marcha, pero en el cielo no harán falta las provisiones de la vida terrenal porque habremos entrado en el reposo eterno.

En tu Palabra, oh Padre Dios, ¡Qué bella luz se ve!

Bendita, celestial porción gozada por la fe.

9. PRESENTANDO LA CLASE

El maestro que llega a la Escuela Dominical antes de la hora tendrá más tiempo de arreglar el material que va a usar en la presentación de la lección, trazar un mapa, o escribir un bosquejo en el pizarrón. Además, podrá saludar a los alumnos cuando van llegando y sentarse con ellos. Esta atención personal es bien vista por los niños y jóvenes.

El tiempo que el maestro tiene con su clase es relativamente poco. Debe hacer el mejor uso de él. Recuerde que de las 168 horas que tiene una semana, ¡solamente se comparte una con la clase!

A. Apertura

En algunas Escuelas Dominicales la apertura se hace estando todas o varias de las clases juntas. Aquí nos ocuparemos de la apertura en la clase particular de cada maestro. Es bueno empezar con una oración pidiendo la ayuda del Señor. La oración ante los alumnos debe ser breve. Las oraciones largas son para cuando estamos a solas con el Señor. Al iniciar la clase es oportuno dar la bienvenida a los alumnos nuevos.

B. Recitación

Los alumnos citan los versículos que han aprendido de memoria durante la semana. Para ahorrar tiempo en una clase grande los que llegan temprano pueden recitar sus textos al maestro antes de la apertura. Cada alumno debe tener su hoja o libreta de versículos, aun cuando aprenderlos directamente de la Biblia puede ser apropiado para los alumnos mayores.

Sabemos que es importante memorizar las Escrituras, pero el maestro se debe preocupar de que sus discípulos comprendan las verdades del tema que puedan expresar los pensamientos en propias palabras. El alumno que comprende las Escrituras está progresando, pero nuestro objetivo es que el estudiante aplique a su propia vida la Palabra de Dios. Pablo escribió a Timoteo: "Las Sagradas Escrituras te pueden hacer sabio la salvación por la fe que es en Cristo Jesús." 1 El profeta Miqueas dice de Dios: ¿No hacen bien mis palabras al que camina rectamente? 2

C. Repaso

El propósito del verdadero estudio no es meramente conocer, sino poder aplicar el conocimiento. Sólo el repaso frecuente puede dar este dominio de las verdades enseñadas. Un repaso es más que repetición porque debe arrojar nueva luz sobre la lección y confirmar la aplicación.

Al comienzo de cada lección repasemos brevemente la lección anterior. Nuevas preguntas llevarán a los alumnos a mayor interés en el material ya estudiado. El repaso al comienzo puede servir como introducción a la lección nueva. La regla de enseñanza según Isaías 28 es: Mandamiento tras mandamiento, mandato sobre mandato, renglón tras renglón.

D. Lectura de la Palabra de Dios

Animemos a los alumnos a llevar sus Biblias a la clase y a tomar parte en la lectura. Si el maestro hace preguntas acerca del pasaje antes de la lectura ellos pondrán más atención, buscando las respuestas al leer la porción. La Biblia es el único libro que debe ser leído durante la hora de la clase. El maestro que prepara bien su lección no leerá el manual del maestro ni ningún otro libro delante de la clase. Nuestro texto único es la Palabra de Dios.

E. Introducción

Por medio de una buena introducción despertamos interés en el tema que proponemos enseñar. Antes de empezar la enseñanza de un tema que ocupará varias semanas, debemos presentar en forma interesante un resumen de nuestro plan. Si los alumnos saben cuáles son los objetivos de la enseñanza tendrán más interés en las lecciones. Un sentido de propósito ayuda en el aprendizaje y el sentimiento de realización del propósito estimula a los estudiantes.

Hay muchas maneras de introducir una lección. Por ejemplo: relatar algo extraordinario que aconteció recientemente, dibujar una escena en el pizarrón, hacer referencia a las experiencias de un niño de la clase, mostrar algún objeto o cuadro, hacer una pregunta que llame la atención, hacer referencia a una pregunta que algún alumno haya hecho, repasar la historia de la semana anterior, escuchar un informe que un estudiante haya preparado, etc.

F. Enseñanza de la lección

La tarea del educador es despertar y poner en acción la mente del discípulo. Muchas veces nos equivocamos tratando de enseñar la lección por medio de la simple palabra hablada. El conocimiento no siempre pasa de una mente a otra por el mero hecho de hablar. Tenemos que estimular al alumno a adquirir conocimientos descubriendo verdades por sí mismo.

¿Cómo podremos hacer esto? He aquí unas actividades para los alumnos: Llevar la Biblia a clase y buscar respuestas en ella en versículos que cite el maestro; marcar la Biblia cuidadosamente bajo la dirección del instructor; preparar y presentar como tarea informes sobre personajes o lugares bíblicos; elaborar mapas trazando en ellos rutas y distancias; cantar un himno o coro que exprese el tema de la lección (esto se hará si es posible hacerlo sin molestar a las demás clases); dibujar ilustraciones que representen las verdades bíblicas (los alumnos pueden llevar lápiz y cuaderno para hacer estos trabajos al fin de la clase, como repaso). Estas actividades tienen como fin el fijar el conocimiento en la mente y en el corazón de cada alumno.

¿Cuántas verdades debemos enseñar al niño en cada lección? En vez de tratar de enseñar siete verdades en una hora es mejor enseñar una sola, tal vez haciéndolo de siete maneras diferentes.

Los alumnos son el objeto de nuestra primera consideración. Cada uno de ellos ha de participar en las actividades de la clase y aprender. No es lo mismo contar algo que enseñarlo. Hay que averiguar qué es lo que los alumnos no saben, luego suplir lo que les hace falta, y entonces ver si efectivamente han entendido lo que se les ha enseñado.

G. Preguntas del maestro

Nuestro deber como maestros es despertar las mentes de los alumnos y no descansar hasta que el niño demuestre actividad mental, dé su opinión y actúe en la clase. Reprimamos nuestra impaciencia. Dejemos que el alumno se explique. No le interrumpamos ni pongamos palabras en su boca. Las preguntas *¿cómo?* y *¿por qué?* hacen que el niño piense más que las preguntas acerca de *¿qué? ¿quién?* y *¿dónde?*

Si alguno da una respuesta equivocada, en lugar de decir ¡*No!* y dar la respuesta correcta, es mejor volver a formular la pregunta de una manera más fácil de entender. Si parte de la respuesta es correcta, aprobemos esa parte y luego expliquemos mejor la enseñanza. Debemos evitar que el alumno que contestó mal sienta pena y deje de contestar en la clase.

Un método que el maestro hallará efectivo es el dirigir preguntas a toda la clase, para que todos piensen, y luego nombrar a los alumnos, uno por uno, para que todos den su respuesta. El maestro oye las respuestas sin asentir con la cabeza al que responde correctamente, ya que al preguntar al próximo, éste ya sabría que la pregunta ha sido contestada. También debemos enseñar a los niños a respetar las opiniones de sus compañeros y evitar que se burlen al oir una respuesta errada.

Son muchos los usos que podemos hacer de las preguntas. He aquí algunos ejemplos:

1. Introducir un tema. Esto lo hizo el Señor Jesús al preguntar: ¿Quién dicen los hombres que es Hijo del Hombre? 3

2. Exigir una explicación. Cristo demandó a los que le criticaban: ¿Es lícito en los días de reposo hacer bien? 4 ¿Cómo iban a decir que no?

3. Pedir la opinión de un alumno. Al decir: ¿Qué te parece, Simón? 5 el Señor despertó el interés de su discípulo en la explicación que iba a dar.

4. Guiar al niño a aplicar la verdad de la lección. Después de haber relatado la parábola del buen samaritano, el Señor Jesús aplicó la parábola a sus oyentes preguntando: ¿Quién de estos tres parece que fue el prójimo? 6

H. Preguntas del alumno

Enseñemos a los alumnos a preguntar. La narración no debe agotar el asunto, sino que debemos dejar algo sin decir, para estimular el pensamiento y el esfuerzo de los alumnos. Procuremos que los alumnos hagan preguntas, dejándoles tiempo para pensar. Es mejor no contestar con prontitud las preguntas que hagan, sino esperar un momento para darles más fuerza. Cuando sea posible es bueno responder con nuevas interrogaciones, lo cual hará más profundo el pensar. Jesucristo muchas veces contestaba pregunta con pregunta. Los fariseos preguntaron: ¿Por qué tus discípulos quebrantan la tradición de los ancianos? Cristo dijo: ¿Por qué también vosotros quebrantáis el mandamiento de Dios con vuestra tradición? 7

En el Antiguo Testamento hallamos varias veces la frase: Cuando tu hijo preguntare. 8 Sin duda, el israelita estaba obligado a contestar a su hijo con la Palabra de Dios. ¡Cuán importante es que nosotros, los maestros, sepamos contestar las preguntas de nuestros discípulos!

Un joven, al asistir a la Escuela Dominical por primera vez, oyó la historia de Elías en el Monte Carmelo. 9 El muchacho preguntó al maestro: Si no llovió en tres años y seis meses, ¿dónde consiguieron doce cántaros de agua? El maestro, un poco irritado, respondió: Dios pudo proveer el agua. El muchacho sintió pena y jamás volvió a la clase.

Pasaron unos años y este muchacho oyó la predicación del evangelio y fue salvado. Un día, viendo un mapa en su Biblia, notó que el Monte Carmelo estaba cerca del mar. Se acordó de su pregunta y pensó: Si el maestro me hubiera dicho que podrían haber usado agua salada del mar para mojar el altar, tal vez yo hubiera continuado mi asistencia a su clase.

Del uso de las preguntas surge la discusión, la cual es una forma de participación por parte de los alumnos. La discusión permite que casi todos participen. De esta manera algunos individuos se sienten con libertad para expresarse. Si propiciamos las preguntas mantendremos el camino abierto para que los alumnos contribuyan con sus conocimientos.

I. Lenguaje del maestro

Procuremos enseñar el evangelio usando palabras comprensibles, que sean parte del vocabulario del alumno. Hay palabras bíblicas que requieren una explicación tales como: escatimar, expiar, justificar, reconciliar, redimir y remitir, por nombrar sólo algunas.

El maestro puede usar lenguaje simbólico, pero es preciso que explique a qué se refiere. Por ejemplo, si habla de corazones negros y blancos, debe aclarar que no se refiere al órgano físico, ni al color de la piel, sino al ser interior. 10 Lo negro representa la contaminación del pecado y lo blanco habla de la limpieza que proporciona la salvación. 12

Es bíblico hablar de la gloria del Señor, como cuando Juan escribe: Vimos su gloria, gloria como la del unigénito del Padre. 13 Pero algunos niños piensan que esto se refiere a un halo que se veía sobre su cabeza o a una luz que le rodeaba. Se trata más bien de su carácter. La gloria divina del Señor Jesús fue revelada en cada detalle de su vida terrenal.

Otro término que requiere explicación es *la ley*. El maestro sabe que se refiere a los mandamientos que Dios dio a Israel, 14 pero muchos alumnos sólo han oído hablar de la ley del trabajo o de la ley de tránsito.

Algunos hablan mucho del pecado cuando los alumnos no entienden lo que significa la palabra. El pecado incluye malos pensamientos, 15 el engaño, el mal humor, la mentira, 16 males palabras y el orgullo. También al que sabe hacer lo bueno, y no lo hace, le es pecado. 17

A niños pequeños, es mejor no decirles que van al infierno, pero sí debemos explicarles lo que significa la separación de Dios como consecuencia del pecado. 18 A los que por su edad ya son responsables delante de Dios, tenemos que enseñarles lo que enseñó Cristo 19 y lo que dicen otras Escrituras acerca del infierno, 20 donde irán todos los que rechazan a Cristo y su salvación.

Es lamentable que muchas veces las verdades bíblicas son falseadas o tomadas en sentido equivocado porque aparecen en expresiones no comprendidas. Por eso debemos:

1. Poner atención al lenguaje de los alumnos, a fin de conocer las palabras que usan y el significado que ellos les dan.

2. Expresarnos, hasta donde sea posible, en el lenguaje de nuestros alumnos.

3. Usar pocas palabras.

4. Aclarar el significado de palabras nuevas, usando al efecto ilustraciones. Cuando sea necesario enseñar una palabra nueva, es bueno expresar la idea que encierra antes de pronunciar la palabra.

5. Averiguar por medio de preguntas la interpretación que los alumnos dan a las palabras bíblicas que aprenden, para asegurar que tienen el sentido correcto de ellas.

J. Ilustraciones

Procuremos ilustrar nuestras lecciones sabiamente. Debemos advertir que un chiste no es una ilustración. A continuación presentamos algunas sugerencias al respecto:

1. Usar solamente ilustraciones que tienen que ver con la verdad que queremos enseñar en la lección.

2. Usar ilustraciones verídicas. Si usamos anécdotas o fábulas debemos explicar a los alumnos su origen.

3. Conocer bien los datos de la ilustración y darlos en orden.

4. Relatar la ilustración en forma sencilla, clara e interesante.

5. Evitar hacer uso de ilustraciones que nos alaban a nosotros mismos. El obrero humilde no las usa.

K. Cuadros, franelógrafos y objetos

Cierto maestro dijo que no veía la necesidad de usar este tipo de material en su clase. Para él bastaba leer y explicar la Palabra de Dios. Pero, parecía que nunca se dio cuenta que los únicos alumnos que continuaban asistiendo eran los que lo hacían obligados por padres creyentes.

Tenemos el deber de mantener el interés de los alumnos porque sin interés el alumno aprende poco o nada. Pero es mejor no usar lo que pueda desviarnos de la Palabra de Dios, porque ella es la que da vida. 21

Al mostrar láminas o cuadros es bueno explicar a los niños que así los pintaron los artistas, pero no sabemos en realidad cómo eran físicamente los personajes de la Biblia. Si la clase es grande no vamos a mostrar cuadros pequeños en libros porque es difícil que todos los niños vean bien el cuadro.

Ciertas lecciones de franelógrafos son muy útiles en la enseñanza de los niños. Si vamos a usar franelógrafo es recomendable estudiar cuidadosamente la lección y ensayarla en casa, tal vez ante un espejo.

El maestro puede valerse también de objetos sencillos como una bandera, monedas, un espejo, etc., para enseñar mejor las Escrituras. Al usar objetos visuales en una clase debemos evitar usar demasiado tiempo con ellos, tiempo que podría ser usado mejor con la misma Palabra. Con cuidado y experiencia, los objetos pueden hacer resaltar enseñanza propia de la Biblia.

Pensemos en una lección sobre la resurrección de los creyentes en la venida del Señor. Podemos usar un imán y unos clavos puestos entre una poca de arena. Cuando un alumno acerque el imán a la arena, los clavos de hierro subirán, y los de cobre u otro metal quedarán donde el maestro los puso. Cuando Cristo venga al aire, subirán los creyentes muertos y los vivos también. 22 Los que murieron sin Cristo quedarán en sus sepulcros hasta la segunda resurrección. 23 Así vemos cómo el maestro puede hacer más clara su explicación de las cosas espirituales sin recurrir a aparatos costosos ni técnicas complejas que roban el lugar que debe ocupar la lectura de las Sagradas Escrituras.

L. Himnos y coros

Procuremos enseñar los himnos que expresan el Evangelio. A veces es necesario explicar el sentido de algunas expresiones en los himnos a fin de que los alumnos canten con entendimiento.

Hemos sugerido que la clase cante ciertos himnos de acuerdo con el tema de la lección, pero en muchas escuelas los grupos están todos en el mismo salón o las divisiones son muy delgadas y la clase no puede cantar sin estorbar a los demás. Si se puede cantar, bien; pero si no es posible, el citar la letra de un himno o coro conocido puede apoyar la enseñanza del tema aunque no se pueda cantar.

¡Oh! guíame, Señor, y guiaré al pobre errado que tan lejos va:

Dame alimento y yo también daré al pobre hambriento tu maná.

10. DISCIPLINA EN LA CLASE
Causas del desorden

———

La falta de disciplina estorba enormemente la enseñanza. Si existe tal problema en nuestra clase debemos determinar las causas del mal comportamiento y tratar de corregirlas.

Puede deberse a que los niños están demasiado apretados, hay mucho ruido afuera, hay demasiado calor y mala ventilación en el salón. Si se trata de un niño nada más, tal vez se porta mal porque tiene problemas en su hogar o sufre alguna enfermedad. Si es así, nada vamos a ganar con regañar. Si desconocemos sus conflictos e inquietudes la falta es nuestra.

Muchas veces, o la mayoría de las veces, la falta de buen orden obedece a que nosotros los maestros no nos damos a respetar por los alumnos. Esto puede ser culpa de nosotros mismos. Tal vez no estamos preparados para enseñar, carecemos de vocación o no somos amables ni animados; tal vez los alumnos perciben en nosotros falta de sinceridad o descuido en nuestra preparación de la clase.

La mayoría de los asistentes a una Escuela Dominical van por voluntad propia. Algunos creyentes hacen grandes esfuerzos por invitar jóvenes y niños a la Escuela Dominical. Pero si hay ruido y desorden en la clase, el alumno visitante no hallará ambiente agradable ni tendrá ganas de seguir asistiendo. El apóstol Pablo escribió a los santos en Colosas: Estoy ... gozándome y mirando vuestro buen orden. 1 ¿Podría decirse esto de nosotros, en la manera de conducir la clase que el Señor nos ha encomendado?

Sugerencias

Las siguientes sugerencias podrían ser de ayuda para resolver algunos problemas de disciplina: Los alumnos deben estar sentados donde puedan ver al maestro. No debe haber nada detrás del maestro que pueda distraer. Desde un principio tenemos que exigir la obediencia y la cooperación de todos. Si un muchacho está hablando o estorbando, hay que dejar de hablar y mirarle a la cara hasta que él comprenda la necesidad de respetar el orden. Estamos perdiendo el tiempo si continuamos hablando, orando o leyendo mientras hay desorden. A veces es posible lograr la cooperación del niño difícil poniéndole una tarea especial. Si él la hace bien podemos alabarle y así ganar su aprecio. Por lo regular el niño travieso se porta mejor si está sentado cerca de su maestro.

Es preciso preparar la lección de tal manera que haya suficiente actividad para toda la hora de clase. Esta preparación requiere diligencia porque algunos alumnos tienen más capacidad que otros y terminan los trabajos primero. Todo niño debe estar ocupado todo el tiempo.

Hay muchas maneras de captar el interés de mantener la atención del alumno. El niño puede ver, palpar, oir, oler y saborear, así que podemos llegar a su mente a través de cualquiera de sus cinco sentidos. Hay muchos objetos que se pueden usar en la clase para hacer más clara e interesante la enseñanza. Además, la sonrisa, el movimiento de las manos, y la variación en el tono de la voz deben acompañar a las palabras que pronunciamos en la presentación de la clase.

Es preciso hablar en voz clara e inteligible, pero si hablamos en voz muy alta estorbamos a las otras clases. La lección será más interesante si procedemos a veces con rapidez. Por ejemplo, podemos relatar la historia de Zaqueo 2 rápidamente, pero al hablar de los sufrimientos de Jesucristo hablaremos lentamente y con reverencia. Después de aplicar una verdad solemne, conviene hacer una pausa a fin de que los alumnos tomen a pecho lo que han escuchado. Debemos imitar a los lectores del tiempo de Nehemías que leían en el libro de la ley de Dios claramente, y ponían el sentido, de modo que entendiesen la lectura. 3

La misma rutina cada domingo llega a ser monótona para el niño. Para evitar esto podemos variar nuestra manera de desarrollar la lección de vez en cuando. Por ejemplo, podemos dejar la lectura de las Escrituras para el fin y comenzar con un concurso de versículos memorizados. Sin interés no hay buen comportamiento y no hay aprendizaje.

Lo que espera el discípulo del maestro

1. Amor y comprensión. La oveja extraviada de Mateo 18:12 aparentemente es un niño, pues estos versículos forman parte de la enseñanza que el Señor Jesús dio respecto a los niños. Cada niño es distinto y unos son más amables que otros. Nunca debemos mostrar favoritismo hacia algunos sino amarlos a todos por igual. Procuremos no regañar sino alabar a los de buen comportamiento y a los que se esfuerzan por aprender la Palabra de Dios, animándoles a portarse aún mejor. El Señor dijo: Mirad que no despreciéis a uno de estos pequeños. 4

2. Animación para el alumno creyente. En el mismo capítulo 18 de Mateo, el Señor habla del pecado de hacer tropezar a alguno de estos pequeños que creen en él. Sin darnos cuenta, podríamos ser culpables de ese pecado, ya sea desanimando a un niño salvo diciendo que no lo es, o por exigirle que se comporte como un creyente adulto.

3. Buen ejemplo. Es obligación del maestro mostrar una conducta santa, justa e irreprensible tal como nos enseña el apóstol Pablo. No podemos esperar del alumno lo que él no ve en nosotros mismos. El respeto no se consigue con decir: Yo soy un maestro, respétenme. Leemos en Tito 1:7 que es necesario que el obispo sea irreprensible, ... no soberbio ni iracundo ... sino amante y dueño de sí mismo. Las mismas cualidades son necesarias en un maestro o maestra de Escuela Dominical. El alumno sabrá cuando en su maestro las hay y también sabrá cuando no las hay.

Ejemplo debo dar, mi vocación cumplir,

Y mis talentos dedicar a Cristo en servir.

11. OTRAS ACTIVIDADES DEL MAESTRO

Hemos considerado la manera en que el maestro debe preparar y presentar la lección, mantener el orden en la clase y mostrar interés en cada alumno. Ahora queremos sugerir otras actividades que el maestro debe desarrollar.

A. Conducir los alumnos al culto de predicación

Si los alumnos tienen edad para ser salvos, es deber del maestro interesarse en sus almas y procurar llevarlos también al culto de predicación del evangelio y sentarse con ellos en el culto. Muchos de los que aceptan a Cristo en los cultos evangelísticos son, o fueron, alumnos de la Escuela Dominical.

B. Repartir literatura evangélica

El alumno en la Escuela Dominical es un buen medio por el cual la iglesia puede introducir literatura bíblica en las casas de familias inconversas. Muchos adultos leen con más interés que sus hijos los tratados y folletos que los chicos reciben en sus clases.

C. Llevar la clase a excursiones

A los niños les encanta una excursión o un paseo. Si programamos una excursión es aconsejable solicitar la cooperación de otros hermanos para la vigilancia de los niños, aun cuando el grupo sea pequeño. La excursión, o la visita de los alumnos a la casa de maestro, da al muchacho la oportunidad de ver a su maestro, no como un instructor con saco y corbata puestos, sino como una persona.

D. Visitar los hogares

Los maestros haríamos bien en visitar los hogares de los alumnos y ganarnos la simpatía de sus familiares. Una maestra dijo al superintendente que no podía soportar a Cristóbal porque molestaba mucho a los demás muchachos. El hermano aconsejó a la maestra a visitar el hogar. En la casa de Cristóbal había problemas: el padre había abandonado el hogar y la pobre madre se sentía incapaz de criar sus hijos. La maestra llevó a Cristóbal y su hermana a su hogar ocasionalmente y los cuidó como cuidaba a sus hijos. Más tarde aquella madre asistió a los cultos y fue convertida.

E. Mantener contacto con alumnos de años anteriores

Procuremos mantener contacto con alumnos que se han mudado a otras partes o han dejado de asistir la Escuela Dominical por alguna otra razón. Una carta con un tratado adentro o una visita e invitación a cultos de predicación puede traer buenos resultados.

F. Preparar y presentar programas

Es costumbre en muchas Escuelas Dominicales celebrar anualmente una reunión especial para los alumnos. En estas ocasiones un hermano dirige una palabra a los alumnos y otro puede hablar a los padres. Los maestros reparten premios a los alumnos que han sido puntuales y aplicados durante el año. Un programa presentado por los alumnos forma parte de esta reunión.

Este programa tiene varios objetivos: Estimular a los alumnos para que aprendan y citen bien las Escrituras; enseñarles a cantar los himnos; presentar el evangelio al público; animar a los padres a asistir a los cultos; animar a los padres a mandar a sus hijos a las clases bíblicas; animar a los padres a ayudar a sus hijos en el aprendizaje de la Palabra.

Muchos padres asisten a estas reuniones porque quieren ver a sus hijos actuar ante el público; por eso, en vista de los objetivos ya mencionados, es deseable que todo alumno tome parte en el programa. Procuremos que el programa no se extienda demasiado. Para ahorrar tiempo los niños pueden subir a la plataforma clase por clase o en grupos grandes. Cada alumno que es capaz hacerlo puede recitar un versículo o parte de uno, en voz alta. Es bueno que todos los versículos recitados por el grupo tengan relación entre sí. Luego los alumnos cantarán un himno o coro relacionado con el tema en cuestión. Los temas se basarán en Evangelio. Por ejemplo: El nacimiento del Salvador, 1 Jesucristo; la puerta de salvación; 2 la invitación del evangelio (versículos e himnos que expresen invitación). Es deseable que el tema sea uno que la clase haya estudiado durante el año.

No es aconsejable que los maestros pasen meses ensayando el programa con sus alumnos. En vista lo mucho de la Palabra de Dios que querrán enseñar en el transcurso del año, seis semanas serán suficientes para la preparación del programa. Es preferible reunir a los alumnos durante la semana, tal vez en el hogar del maestro, para aprender himnos. Es bueno practicar el programa a lo menos una vez tal como se va a presentar para que los niños aprendan a subir y bajar de la plataforma.

En algunas Escuelas Dominicales los hijos de padres creyentes o algunos que tienen capacidades especiales participan varias veces en el programa. Esto no da oportunidad a otros niños de intervenir. El programa cumpliría su objetivo si todos los alumnos se animan, si las familias inconversas escuchan el evangelio y si el nombre del Señor es glorificado.

G. Orar con inteligencia por cada miembro de la clase

Es cosa común que el maestro o superintendente guarde en el salón y tenga a la mano, una libreta con los nombres de los alumnos, sus puntos de asistencia y sus direcciones, edades, grado escolar, etc. Pero maestros realmente consagrados al Señor y a la obra que les ha encomendado mantienen en casa una segunda libreta y la usan en su oración privada. Esta contiene la lista de sus alumnos y ciertos datos acerca de ellos, como la actitud de sus familias al evangelio, los deseos y dudas que el joven ha expresado al maestro, etc. Si la clase pasa a otro maestro se le puede pasar toda o parte de esta información.

H. Examinarse a sí mismo

Como maestros examinamos a nuestros discípulos de vez en cuando. ¿Por qué no examinarnos a nosotros mismos? El deber de todo creyente es probarse a sí mismo. 3 Podemos preguntarnos:

1. ¿Anhelo la salvación de mis alumnos?

2. ¿Estoy gozando de la presencia y ayuda del Señor, o confiando en mis propios talentos y capacidad?

3. ¿Qué es lo que me motiva? ¿Es móvil digno?

4. ¿Soy mejor maestro que el año pasado o estoy retrocediendo?

Un corazón de amor, quiero Jesús, ser como tú, Señor, lleno de luz;

Así podré servir, el tiempo redimir, y almas dirigir, Señor, a ti.

12. LOS RESULTADOS

Queremos evitar profesiones falsas

———

La mucha asistencia y el interés son cosas buenas y deseables, pero no vamos a conformarnos con esto. Hay que examinar, a la luz de la Palabra de Dios, nuestra falta de éxito en la obra del Señor. De esta manera podremos corregir nuestros errores y llevar más fruto para el Señor.

Algunos maestros se desaniman cuando los alumnos profesan ser salvos y luego muestran con sus hechos que no lo son. En la parábola del Sembrador en Mateo 13 el Señor habló de la semilla que brotó pero luego se secó porque no tenía raíz, y de otra parte que fue ahogada por los espinos.

Dos grandes causas de falsas profesiones son: falta de conocimiento del Evangelio por los que profesan ser salvos y falta de dependencia del Espíritu Santo por parte de los que evangelizan. Decir a un individuo que debe creer en el Señor Jesucristo cuando aún no aprecia la obra y la persona del Señor es invitar la pregunta del ciego: ¿Quién es, Señor para que crea en él? 1

Anhelamos resultados genuinos

Hay que presentar a Cristo antes de convidar a una persona a confiar en él. El apóstol Juan escribió su evangelio: Para que creáis que Jesús es el Cristo, el Hijo de Dios, y para que creyendo, tengáis vida en su nombre. 2 Juan comienza su libro presentando la deidad del Señor y su manifestación en carne, lleno de gracia y verdad. 3 Sigue mencionando siete veces cuando el Señor habla de sí mismo diciendo: Yo soy ... Después de destacar excelencias de su carácter describe detalladamente los eventos de la muerte sepultura y resurrección del Señor Jesucristo.

Así el maestro espiritual procura presentar al Señor Jesús de tal manera que el discípulo tenga un verdadero aprecio de él. Pablo afirmó: Nosotros predicamos a Cristo crucificado, 4 y resumió su enseñanza del Evangelio en tres verdades: Que Cristo murió por nuestros pecados ... que fue sepultado, y que resucitó al tercer día, conforme a las Escrituras. 5

Pero aun cuando hayamos intentado declarar todo el consejo de Dios 6 debemos tener muy en mente que la obra de salvación es del Espíritu. En nuestro deseo de obtener resultados nunca debemos procurar hacer por nuestra propia cuenta lo que es obra exclusiva del Espíritu Santo.

Es verdad que el alumno tiene que escoger, pero una decisión no es una conversión a Dios. Además, es una gran equivocación decir a una persona que es salva si cree tal y tal versículo, sin haber antes reconocido su estado pecaminoso y el peligro en se encuentra. Esto debe venir antes de que sienta la necesidad de confiar de todo corazón en la persona y la obra del Salvador. Leemos esto en los Evangelios. Muchos creyeron en su nombre, viendo las señales que hacía. Pero Jesús mismo no se fiaba de ellos porque conocía a todos, y no tenía necesidad que nadie le diese testimonio del hombre, pues Él sabía lo que había en el hombre. 7

¿Cómo podemos obtener resultados genuinos?

1. Debemos orar para que el Espíritu haga su obra. No con ejército, ni con fuerza, sino con mi Espíritu ha dicho Jehová. 3 Los resultados de la obra del Espíritu son espontáneos. Después de la predicación en el día de Pentecostés, no fueron los predicadores quienes se acercaron a los oyentes, sino los que oyeron, los que se compungieron de corazón, que dijeron a Pedro y a los otros apóstoles: Varón hermanos, ¿qué haremos? 9

2. Debemos tener presente que la fe de los que buscan la salvación tiene que basarse en *la fe.* Por esto queremos decir en la Palabra de Dios. La verdad de Dios es el único fundamento. Si estamos realmente convencidos de esto, tal convicción tendrá una gran influencia sobre la manera en que nos conducimos en la clase a nuestro cargo.

3. Se requiere sabiduría con el alumno que ha hecho profesión de fe en el Señor Jesús. Si el niño o el joven ha creído es bueno animarle a actuar. La conversión es el primer paso, no el último. Desde entonces el alumno debe procurar con la ayuda del Señor dejar las malas costumbres. Aun un niño puede testificar de las grandes cosas que el Señor ha hecho con él. 10 El creyente sabio no hará caso omiso del niño que ha confesado el nombre del Señor, pero tampoco lo perjudicará con empujarle más allá de lo que ha aprendido por el ejercicio propio.

4. Nuestro objetivo no será tan sólo ver a los alumnos salvados sino bautizados, 11 congregados en el nombre del Señor, 12 adorándole y sirviéndole.

En Jehová está la fortaleza 13

Algunas veces el maestro se siente frío y desanimado. La causa puede ser dificultades en la familia o en el trabajo, enfermedad, o descuido de lo espiritual. Si hay descuido debemos buscar la presencia de Dios y confesar nuestro pecado. Si queremos ser fieles en el ministerio de enseñar tenemos que hacer caso omiso de las dificultades. Pablo nos anima con su ejemplo cuando dice: De ninguna cosa hago caso. 14 En muchas ocasiones David fue presa de angustia ... más se fortaleció en Jehová su Dios. 15

La salvación es de Jehová 16

Un creyente había aceptado al Señor ya de edad avanzada. Nunca se sentía capacitado para tomar parte pública en la iglesia grande de la cual era miembro. Sin embargo, se encargó de una clase en la Escuela Dominical de barrio, haciéndose amigo del grupo de jóvenes que le fue asignado.

Años después un hombre se presentó a la puerta de la casa de aquel maestro. Una anciana abrió la puerta y cuando el hombre preguntó acerca de su maestro ella dijo: —Mi marido murió recientemente.

—¡Ay!—dijo el visitante.—Yo fui alumno de una clase bíblica donde él enseñaba y nunca he olvidada sus palabras. Vine a decirle que anteayer fui salvo.

Echa tu pan sobre las aguas, porque después de muchos días lo hallarás. 17

Jocabed, 18 la madre de Moisés, tomó al niño de las manos de la hija de Faraón y lo crió. Más tarde ella tuvo que entregar al niño a la princesa y Moisés pasó muchos años en el palacio real. 19 Pero lo que él había aprendido acerca del Dios de sus padres llevó fruto a su tiempo, ya que de grande Moisés escogió el vituperio de Cristo antes que los tesoros de los egipcios; porque tenía la mirada puesta en el galardón. 20 Muchas veces los resultados no se ven enseguida, por eso el maestro no debe desanimarse. Dios puede guardar la semilla sembrada.

Pero, desde luego, el trabajo será en vano si dejamos de regar la semilla con nuestras oraciones. Hay que pasar más tiempo hablando a Dios de los alumnos que hablando a los alumnos de Dios.

Una hermana daba clase los domingos por la mañana después de la Cena del Señor. Tenía deseos de hacer algo más. Al leer Eclesiastés 11:6, "Por la mañana siembra tu semilla, y a la tarde no dejes reposar tu mano; porque no sabes cual es lo mejor", ella pensó que podría enseñar una clase en una escuela bíblica de barrio los domingos por la tarde. El Señor bendijo su doble esfuerzo.

Tal vez sentimos nuestra flaqueza y falta de fidelidad, pero el mensaje es mayor que el mensajero. Tenemos una gran responsabilidad pero a la vez un gran privilegio. Nuestra es la oportunidad de ganar almas y guiar vidas jóvenes en los caminos del Señor. Con la seria dedicación que este trabajo demanda, y con oración, perseverancia y fe, podremos con el tiempo ver algunos resultados de nuestros esfuerzos que serán para la gloria de Dios.

Siervos de Dios, ¡orad! Hay mucho aún que hacer;

Las buenas nuevas anunciad a niños por doquier.

REFERENCIAS BIBLICAS

CAPITULO 1

1. Mateo 11:25

2. Mateo 18:1-5

3. Lucas 18:16

4. Juan 21:15

5. Mateo 21:16

6. Marcos 6:34

CAPITULO 2

1. Mateo 15:14

2. 1 Corintios 2:14

3. 2 Timoteo 2:15

4. 1 Tesalonicenses 2:10

5. 2 Corintios 5:14

6. Colosenses 3:23

7. 2 Timoteo 1:6

8. Juan 16:13

9. Santiago 5:16

10. 1 Timoteo 4:13

11. Efesios 5:25

CAPITULO 3

1. Efesios 1:6

2. Eclesiastés 11 :9

3. Eclesiastés 12:1

CAPITULO 4

1. Lucas 24:27

2. Génesis 22

3. Génesis 45:7

4. Juan 3:14, 15

5. Éxodo 35:10-19

6. Génesis 3

7. Génesis 18 y 19

8. Génesis 22

9. Génesis 24

10. Génesis 44 y 45

11. Éxodo 12

12. Levítico 16

13. Números 21

14. Josué 2 y 6

15. Ezequiel 37

16. Romanos 8:1

17. Romanos 7:18

18. 1 Tesalonicenses 4:13

19. 2 Corintios 5:10 y

1 Corintios 3:13-15

CAPITULO 5

1. Mateo 23:8

2. Job 36:22

3. Juan 7:46

4. Mateo 13:54

5. Hechos 1:1

6. Lucas 24:19

7. Amos 7:8

8. Jeremías 24:2

9. Jeremías 1:11

10. Jeremías 13:7

11. Mateo 22:19

12. Mateo 6:26

13. Mateo 6:28

14. Marcos 9:36

15. Juan 13:4

16. Juan 6:11

17. Mateo 7:15

18. Juan 12:24

19. Mateo 23:27

20. Juan 3:8

21. Mateo 16:13

22. Marcos 3:4

23. Mateo 17:25

24. Lucas 10:36

25. Oseas 12:10

26. Jueces 9:8

27. 2 Samuel 12:1

28. Mateo 13:34

29. Lucas 15:11

30. Lucas 15

31. Lucas 7:32

32. Lucas 10:25

33. Mateo 22:11

34. Juan 3

35. Juan 6:63

CAPITULO 6

1. Jueces 6:11

2. Lucas 16:8

3. Jeremías 48:10

4. Proverbios 4:23

5. Juan 5:39

6. Filipenses 4:9

7. 1 Timoteo 4:13

8. Colosenses 3:23

9. Eclesiastés 12:9

10. Hebreos 11:16

CAPITULO 7

1. Lucas 7:14

2. 1 Corintios 13:11

3. Romanos 5:12

4. 2 Timoteo 3:15

5. Deuteronomio 6:6

6. Mateo 5 - 7

CAPITULO 8

1. Eclesiastés 12:1

2. Proverbios 8:17

3. Nehemías 9:21

4. Hebreos 2:3

5. Salmo 78:25

6. Números 11:6

7. Números 21 :5

8. Juan 3:36

CAPITULO 9

1. 2 Timoteo 3:15

2. Miqueas 2:7

3. Mateo 16:13

4. Marcos 3:4

5. Mateo 17:25

6. Lucas 10:36

7. Mateo 15.2,3

8. Éxodo 13:14,

Deuteronomio 6:20, Josué 4:6

9. 1 Reyes 18:34

10. Jeremías 17:9, Salmo 51:10

11. Jeremías 2:22

12. Salmo 51:7

13. Juan 1:14

14. Levítico 26:46

15. Marcos 7:21

16. Apocalipsis 21:8

17. Santiago 4:17

18. Juan 8:21

19. Lucas 16:23 y Mateo 8:12

20. Apocalipsis 14:11 y Judas 13

21. Juan 6:63

22. 1 Tesalonicenses 4:16,17

23. Apocalipsis 12-15

CAPITULO 10

1. Colosenses 2:5

2. Lucas 19:1

3. Nehemías 8:8

4. Mateo 18:10

5. 1 Tesalonicenses 2:10

CAPITULO 11

1. Mateo 1, Lucas 1 y 2

2. Juan 10

3. 1 Corintios 11:28

CAPITULO 12

1. Juan 9:36

2. Juan 20:31

3. Juan 1:14

4. 1 Corintios 1:23

5. 1 Corintios 15:1-4

6. Hechos 20:27

7. Juan 2:23-25

8. Zacarías 4:6

9. Hechos 2:37

10. Salmo 126:3

11. Hechos 2:41

12. Mateo 18:20,

1 Corintios 11:23-26

13. Isaías 26:4

14 Hechos 20:24

15. I Samuel 30:6

16. Jonás 2.9

17. Eclesiastés 11:1

18. Éxodo 6.20

19. Éxodo 2:10

20. Hebreos 11:26

Don't miss out!

Visit the website below and you can sign up to receive emails whenever Sermones Bíblicos publishes a new book. There's no charge and no obligation.

https://books2read.com/r/B-A-ALQN-FQSZC

BOOKS2READ

Connecting independent readers to independent writers.

Did you love *Como Enseñar en la Escuela Dominical: Guía para Maestros de Clase Bíblica*? Then you should read *Símbolos en la Biblia: Sana Doctrina Cristiana*[1] by Fanny M Goff and Sermones Bíblicos!

[2]

Este libro ofrece un análisis de las Sagradas Escrituras para descubrir el significado simbólico detrás del lenguaje usado por Dios. Las Sagradas Escrituras nos invitan a un viaje maravilloso, donde utiliza parábolas, proverbios y símbolos tomados de la vida diaria para ayudarnos a entender mejor las Profundas Verdades Divinas. Gracias al Lenguaje Simbólico, profundizaremos en el significado detrás de frases como "Es necesario nacer de nuevo" o "He aquí El Cordero de Dios". *¡Prepárate para regocijarte con los tesoros escondidos dentro de las paginas de La Biblia!*

---

1. https://books2read.com/u/3yePkZ

2. https://books2read.com/u/3yePkZ